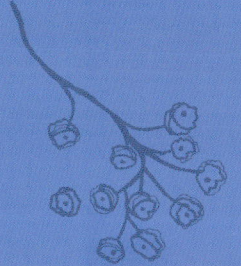

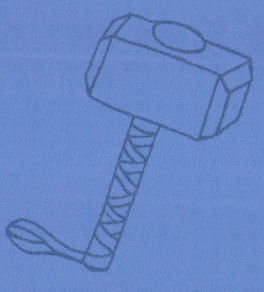

초등학생을 위한 지식습관 ⑪

# 세계 신화 30
## WORLD MYTHS

### 글 애니타 개너리

어린이 과학책 작가로 영국 왕립 지리학회 회원이며, 많은 독자로부터 사랑을 받은 〈앗! 시리즈〉에 여러 책을 집필하여 지리학협회 은상을 수상했다. 우리나라에 소개된 『세상을 바꾼 놀라운 탐험가』, 『우글우글 열대우림』, 『지진이 우르쾅쾅』, 『오들오들 남극북극』, 『사막이 바싹바싹』 외에도 많은 책을 집필했다.

### 그림 멜빈 에반스

영국 남부에 살며 일러스트레이터와 판화가로 활동하고 있다. 독특한 그림체로 디자인과 광고, 책 등에 다양한 작품 활동을 하고 있다.

### 옮김 신인수

대학에서 영문학을 전공하고 성균관대학교 대학원에서 번역학을 전공했다. 출판사에서 오랫동안 어린이책을 만드는 편집자로 일했고, 지금은 주로 번역을 하며 편집자로도 일하고 있다. 번역한 책으로 『뭐가 되고 싶냐는 어른들의 질문에 대답하는 법』, 『서프러제트』, 『글로벌 경제 교실』, 『지구 환경과 기후 변화 100가지』, 『초등학생이 알아야 할 지구 100가지』, 『초등학생이 알아야 할 세계사 100가지』, 『초등학생이 알아야 할 정치』, 『한 권으로 읽는 세계의 신화와 전설』 등이 있다.

### 감수 이경덕

한양대학교 문화인류학과에서 인류의 신화와 의례를 연구하며 박사 학위를 받았다. 현재 한양대학교 문화재연구소 연구교수로서 의례와 축제, 신화, 미디어 인류학 등을 강의하며 학생들과 만나고, 문화에 대한 글을 쓰고 있다. 쓴 책으로 『우리 곁에서 만나는 동서양 신화』, 『신화, 우리 시대의 거울』, 『어느 외계인의 인류학 보고서』, 『이야기로 읽는 세계의 신화(12권) 』, 『처음 만나는 북유럽 신화』 등이 있다.

초등학생을 위한 지식습관 ⑪

# 세계 신화 30
## WORLD MYTHS

글 **애니타 개너리** | 그림 **멜빈 에반스** | 옮김 **신인수** | 감수 **이경덕**

# 차례

신화, 세상을 이해하려는 노력  6

## 창조 신화  8
1  세상은 어떻게 생겨났을까? 북유럽  12
2  이자나기와 이자나미 일본  14
3  흙을 찾아 잠수한 새 아메리카 원주민  16
4  오바탈라의 금 사슬 서아프리카  18
5  바람의 신과 뼈 아즈텍족  20

## 신들의 이야기  22
6  셀레네와 엔디미온 그리스  26
7  두르가와 물소 악마 인도  28
8  포세이돈과 아테나 그리스  30
9  태양이 사라진 날 일본  32
10  토르의 잃어버린 망치 북유럽  34

## 영웅과 트릭스터  36
11  프로메테우스가 불을 훔치다 그리스  40
12  헤라클레스의 과제 그리스  42
13  쌍둥이 영웅과 공놀이 아즈텍족  44
14  아난시와 지혜를 담은 단지 아프리카  46
15  핀과 지혜의 엄지손가락 아일랜드  48

## 탐험과 모험 50
- 16 아이네이아스의 항해 그리스 54
- 17 이아손과 황금 양털 그리스 56
- 18 브란의 항해 켈트족 58
- 19 길가메시의 모험 수메르족 60

## 땅, 물 그리고 하늘 62
- 20 데메테르와 페르세포네 그리스 66
- 21 화살로 태양을 쏘다 중국 68
- 22 하늘에서 떨어진 갠지스강 인도 70
- 23 달에 비치는 토끼 아즈텍족 72
- 24 무지개뱀 오스트레일리아 원주민 74
- 25 조롱박을 탄 아이들 중국 76

## 기이하고 신기한 괴물 78
- 26 테세우스와 미노타우로스 그리스 82
- 27 시구르드가 용을 죽이다 북유럽 84
- 28 아하유테와 구름 먹는 괴물 아메리카 원주민 86
- 29 페르세우스와 메두사 그리스 88
- 30 토르와 요르뭉간드 북유럽 90

## 지식 플러스
제주도 창조 신화 - 대별왕 소별왕 이야기 92

# 신화, 세상을 이해하려는 노력

수천 년 전, 사람들은 자신들을 둘러싼 세상을 이해하려고 애썼습니다. 그 당시 사람들은 신이 세상을 만들었으며, 모든 일에 관여한다고 생각했습니다. 이렇게 고대 사람들이 만든 신들의 이야기를 신화라고 합니다.

사람들은 자연에서 일어나는 현상을 과학적으로 이해하기 전까지 신들이 일으킨 거라고 믿었습니다. 해와 달이 뜨고 지는 일, 폭풍우나 홍수, 노을, 심지어 풍년과 흉년까지, 신들이 세상의 여러 가지 일에 영향을 끼친다고 생각했습니다.

신화는 처음에 글로 기록되지 않았습니다. 시인과 이야기꾼들이 들었던 이야기를 기억했다가 다음 세대에게 다시 들려주었지요. 문자가 생기고 나서도 한참 뒤에야 전해 내려왔던 이야기들을 글자로 기록하기 시작했습니다.

고대 그리스, 고대 로마, 중국과 인도의 작가들은 후손들이 읽을 수 있도록 중요한 신화들을 골라 글로 남겼습니다. 아프리카, 아메리카, 오스트레일리아의 원주민을 비롯한 여러 문화권에서는 지금까지도 여전히 입에서 입으로 신화가 전해지고 있습니다.

이 책은 세계의 신화 30편을 짧게 다듬어 다시 쓴 신화 모음집입니다. 소개된 신화를 후루룩 읽어 내지 않아도 됩니다. 여러분이 원하는 만큼 빠르게, 또는 천천히 읽어도 괜찮습니다. 전통적인 이야기꾼처럼 소리 내어 읽어도 좋습니다.

# 창조 신화

고대에는 세상의 모든 것이 어떻게 만들어졌는지 설명하는 신화들이 있었습니다. 이런 신화들을 창조 신화라고 합니다.

창조 신화는 하늘과 땅, 바다, 산 등이 어떻게 만들어졌고, 사람과 동식물이 세상에 어떻게 처음 나타났는지를 설명합니다. 창조 신화는 대부분 아무것도 없는 상태에서 신이나 정령이 땅이나 바다, 사람을 만들었다고 이야기합니다.

세상이 만들어지고 사람과 동물이 생겨난 이야기가 담긴 창조 신화를 만나 봅시다.

# 창조 신화
## 읽기 전에 알아두기

**긴눙가가프(허무의 심연)** 북유럽 신화에서 세상이 창조되기 전에 무스펠헤임과 니플헤임 사이에 있었던 빈 공간.

**니플헤임** 북유럽 신화에 나오는 춥고 어둡고 안개가 자욱한 세계.

**마헤오** 아메리카 원주민 신화에서 땅을 창조한 위대한 정령.

**무스펠헤임** 북유럽 신화에 나오는 불의 땅. 불의 거인 수르트가 이곳을 지킨다.

**무지개다리** 일본 신화에서 하늘과 땅을 이어 준다는 다리.

**믹틀란테쿠틀리** 아즈텍족 신화에 나오는 죽음의 신이자, 죽은 자의 땅인 믹틀란의 지배자.

**부리** 북유럽 신화에 나오는 최초의 신.

**서리 거인** 북유럽 신화에 나오는 거대하고 초자연적인 존재. 얼음으로 만들어졌고 깜짝 놀랄 만큼 강하다.

**신** 세상을 만든 창조자 또는 세상이나 인간 삶의 지배자로서 숭배받는 신비로운 존재.

**오딘** 북유럽 신화에 나오는 신들의 왕. 전쟁과 싸움과 시의 신이다. 모든 것을 꿰뚫어 볼 수 있으며, 전지전능한 힘을 지녔다.

**오바탈라** 서아프리카 신화에서 땅과 사람을 창조하기 위해서 하늘로부터 내려온 신.

**올로룬** 서아프리카 신화에서 하늘을 다스리는 위대한 신.

**올로쿤** 서아프리카 신화에서 바다와 물을 다스리는 위대한 여신.

**이미르** 북유럽 신화에서 거인들의 조상이자 우주 최초의 존재. 그의 죽은 몸에서 대지가, 피에서는 바다가, 머리뼈에서는 하늘이 만들어졌다고 한다.

**이자나기** 일본 신화에서 땅을 창조한 신. 이자나미의 남편.

**이자나미** 일본 신화에서 땅을 창조한 여신. 이자나기의 아내.

**지하 세계** 신화에서 땅 밑에 있는 곳으로, 죽은 사람의 영혼이 가는 세계.

**케찰코아틀** 아즈텍족의 신화에 나오는 바람의 신이자 창조의 신. 깃털 달린 뱀의 모습으로 나타난다.

## 한눈에 보는 신화 [북유럽]
# 1 세상은 어떻게 생겨났을까?

옛날 옛적 세상에는 해도 달도 별도 풀도 없었습니다. 다만 허무의 심연인 긴눙가가프만이 펼쳐져 있었습니다. 긴눙가가프 북쪽에는 얼음의 땅인 니플헤임이, 남쪽에는 불의 땅인 무스펠헤임이 있었지요.

니플헤임에 있는 샘에서 흘러나온 물은 긴눙가가프로 밀려와 꽁꽁 얼어붙었습니다. 얼음은 무스펠헤임에서 불어오는 뜨거운 바람에 녹아내렸습니다. 그리고 녹아내린 물방울에서 서리 거인 이미르와 거대한 암소인 아우둠라가 생겨났습니다.

**서리 거인 이미르는 잠을 자면서 땀을 많이 흘렸는데, 이 땀에서 많은 서리 거인이 나왔습니다.**

거대한 암소 아우둠라가 핥은 얼음에서는 최초의 신인 부리가 나타났습니다. 세월이 흘러 부리는 아들 보르를 낳고, 아들 보르는 서리 거인의 딸과 결혼해 오딘, 빌리, 베를 낳았습니다. 이 세 명의 신들은 서리 거인 이미르를 싫어했습니다. 결국 셋은 힘을 합쳐 이미르를 죽여 버렸습니다.

신들은 죽은 이미르의 살로 땅을 만들고, 머리뼈는 공중에 던져 하늘을 만들었습니다. 이미르의 이빨은 바위가, 피는 바다가, 뼈는 산이 됐습니다. 이렇게 해서 세상이 생겨났습니다.

### 한줄요약
북유럽 신화에서는 서리 거인인 이미르의 몸으로 세상을 만들었다고 합니다.

### 얼음과 불
북유럽 신화는 13세기에 아이슬란드 사람인 스노리 스투를루손이 정리했습니다. 기존의 북유럽 신화를 새롭게 정리했다고 해서 '신 에다'라고 부릅니다. 아이슬란드는 꽁꽁 얼어붙은 빙판, 거대한 빙하, 불을 내뿜는 화산들로 이루어진 곳입니다. 마치 얼음의 땅 니플헤임과 불의 땅 무스펠헤임처럼 말입니다.

니플헤임은 꽁꽁 얼어붙은 얼음의 땅이다.

신들은 이미르의 몸으로 땅, 산, 바위, 하늘 등을 만들었다.

아우둠라

베

빌리

오딘

이미르

물방울에서 아우둠라와 이미르가 생겨났다.

부리

아우둠라가 핥은 얼음에서 부리가 나타났다. 최초의 신인 부리에게는 손자가 세 명 있었다.

무스펠헤임은 불길이 이글거리는 불의 땅이다.

## 한눈에 보는 신화 일본
# 2 이자나기와 이자나미

아주 오랜 옛날, 세상에는 출렁거리는 바다만이 펼쳐져 있었습니다. 하늘에서 바다를 내려다보던 신들은 세상을 창조해야겠다고 생각했습니다. 그래서 신 이자나기와 여신 이자나미에게 보석으로 꾸민 긴 창을 주었습니다. 이자나기와 이자나미는 무지개다리 위에 서서, 창으로 물을 휘저었습니다. 두 신이 창을 들어 올리자 창에서 물방울이 바다로 떨어졌습니다. 이 물방울이 오노고로섬이 됐지요.

**이자나기와 이자나미는 오노고로섬으로 내려왔습니다. 둘은 아이를 많이 낳았고, 이 아이들은 일본의 섬들이 됐습니다.**

어느 날, 이자나미가 불의 신을 낳다가 죽고 말았습니다. 이자나기는 찢어질 듯한 가슴을 안고, 죽은 자들의 땅인 저승으로 찾아가 이자나미를 만났습니다. 이자나기는 이자나미에게 땅으로 돌아가자고 했습니다.

이자나미는 저승을 다스리는 신에게 부탁해 보겠다고 했습니다. 그러면서 절대로 자기를 보면 안 된다고 신신당부했습니다. 하지만 호기심을 참을 수 없었던 이자나기는 썩어 가는 아내의 몸을 두 눈으로 보고 말았습니다. 결국 이자나기는 영원히 아내를 잃고 말았답니다.

### 한줄요약
이자나기와 이자나미는 물방울로 최초의 섬을 만들었습니다.

### 신도
이자나기와 이자나미의 신화는 일본 고유의 민족 종교인 신도에서 생겨났습니다. 신도를 따르는 일본 사람들은 강과 산 같은 자연물 그리고 동식물마다 신이 깃들어 있다고 생각하지요. 가장 중요한 신은 태양의 여신인 아마테라스입니다.

## 한눈에 보는 신화 [아메리카 원주민]
## 3 흙을 찾아 잠수한 새

세상에 아무것도 없던 옛날, 위대한 정령 마헤오는 거대한 바다를 만들었습니다. 물고기들은 물속에서, 새들은 물 위에서 살았습니다.

어느 날, 새들이 마헤오를 찾아가서는 걷고, 쉬고, 둥지를 지을 수 있는 마른 땅을 달라고 부탁했습니다.
마헤오는 새들에게 바닷속으로 들어가 바다 밑바닥에 있는 흙을 가져오면 땅을 만들어 주겠다고 했습니다.

용감한 흰기러기가 처음으로 바닷속으로 뛰어들었습니다. 하지만 밑바닥까지 가지 못하고 물 위로 올라왔습니다. 아비새와 청둥오리도 바닷속으로 들어갔지만 아무도 흙을 가져오지 못했습니다. 마지막으로 검둥오리가 바닷속으로 뛰어들었습니다. 잠시 후 물위로 올라온 검둥오리는 부리에 작은 진흙덩이를 물고 있었습니다.

마헤오는 진흙을 굴리고 빚어서 땅을 만들었습니다. 땅은 점점 커져서 땅을 짊어질 만큼 힘센 생물은 할머니 거북뿐이었습니다. 그때부터 할머니 거북은 등에 세상을 짊어지고 다니게 되었답니다.

### 한줄요약
위대한 정령 마헤오는 검둥오리가 가져다준 진흙덩이로 땅을 만들었습니다.

### 세상을 짊어지고 있는 신, 아틀라스
그리스 신화에서는 거인 아틀라스가 어깨에 세상을 짊어지고 있습니다. 아틀라스는 그리스 최고의 신 제우스와 싸워서 패한 벌로 세상을 떠받치고 있는 것입니다. 지도책을 '아틀라스'라고도 하는데, 1595년에 출판된 최초의 세계 지도책에 아틀라스 그림이 그려져 있었기 때문입니다.

# 한눈에 보는 신화 서아프리카
## 4 오바탈라의 금 사슬

옛날 옛적, 세상은 하늘과 출렁이는 물뿐이었습니다. 위대한 신 올로룬은 하늘을, 위대한 여신 올로쿤은 물을 다스렸습니다. 또 다른 신인 오바탈라는 세상을 지켜보다가 올로룬에게 마른 땅을 만들게 해 달라고 부탁했습니다. 두 신은 오바탈라에게 기다란 금사슬과 가방을 주었습니다. 가방에는 모래를 채운 달팽이 껍데기, 흰 암탉, 검은 고양이, 그리고 야자가 들어 있었지요.

오바탈라는 가방을 어깨에 메고, 하늘 귀퉁이에서 금사슬을 아래로 늘어뜨렸습니다. 그러고는 금사슬을 타고 아래로 내려오기 시작했습니다.

물과 가까워지자 오바탈라는 달팽이 껍데기에 든 모래를 바닥에 뿌리고 암탉을 풀어 주었습니다. 암탉은 모래를 마구 휘젓고 뒤적거리고 여기저기 흩뿌리며 땅을 만들었습니다.

오바탈라는 땅에 야자를 심고, 나무가 자라나는 걸 지켜보았습니다. 하지만 고양이하고만 있으려니 외로웠습니다. 그래서 진흙을 조금 떠서 작은 형체를 만들고는 올로룬에게 생명을 불어넣어 달라고 부탁했습니다. 이렇게 해서 세상에 사람이 생겨났답니다.

**한줄요약**
오바탈라는 하늘에서 내려와 땅과 사람을 만들었습니다.

**내가 만드는 신화 이야기**
오바탈라의 금사슬 신화를 새로운 이야기로 멋지게 다시 만들어 볼까요? 먼저 사람들의 마음을 사로잡을 멋진 제목을 정해 봅시다. 암탉과 고양이와 세계 최초의 인간을 인터뷰한 내용을 담으면 어떨까요?

## 한눈에 보는 신화 아즈텍족
# 5 바람의 신과 뼈

태초에 세상에는 사람들이 살고 있었습니다. 하지만 세상은 여러 번 멸망했고, 새로 만들어진 세상에는 사람이 없었습니다. 마지막 대홍수 때 사람들이 물고기로 변했기 때문이지요. 사람이 세상에 다시 태어나려면 죽은 사람의 뼈가 필요했습니다.

**용감한 바람의 신이자 창조의 신인 케찰코아틀은 뼈를 구하러 지하 세계로 내려갔습니다. 그곳은 죽음의 신 믹틀란테쿠틀리가 다스리고 있었지요. 케찰코아틀은 믹틀란테쿠틀리에게 사람들의 뼈를 돌려 달라고 했습니다. 믹틀란테쿠틀리는 뼈를 넘겨줄 테니 소라고둥을 불면서 지하 세계를 네 바퀴 돌라고 말했습니다.**

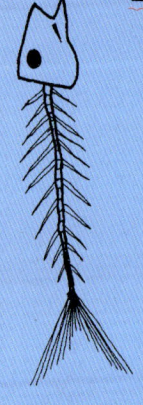

그런데 교활한 믹틀란테쿠틀리가 준 소라고둥에는 구멍이 없어서 소리가 나지 않았습니다. 케찰코아틀은 벌레들에게 소라고둥 안에 구멍을 뚫어 달라고 부탁했고, 벌들에게는 소라고둥 안에서 윙윙 날아 달라고 부탁했습니다. 이윽고 케찰코아틀이 소라고둥을 불자, 소라고둥의 소리가 크게 울려 퍼졌습니다.

케찰코아틀은 사람의 뼈를 가지고 땅으로 돌아와 시우아코아틀 여신에게 주었습니다. 시우아코아틀은 뼈를 갈아서 신들의 피와 섞었습니다. 그러자 남자와 여자 사람이 생겨났답니다.

### 한줄요약
창조의 신 케찰코아틀은 지하 세계에서 뼈를 가져와 사람을 만들었습니다.

### 제물로 바쳐진 인간
아즈텍족은 세상을 비추는 태양이 강한 힘을 유지하기 위해서는 사람의 붉은 심장을 전지전능한 태양신 위칠로포치틀리에게 바쳐야 한다고 믿었습니다. 그래서 스스로 제물이 되겠다고 나선 사람이나, 포로 가운데 제물을 뽑아 그의 심장을 태양에게 바쳤습니다.

# 신들의 이야기

옛날 사람들은 세상에 일어나는 좋고 나쁜 일들이 모두 신에게 달려 있다고 믿었습니다. 그런데 어떤 신들은 전지전능하지만 어떤 신들은 사람처럼 말다툼을 벌이고, 결혼하여 아이를 낳고, 서로 골탕 먹이고, 모험을 떠나기도 했습니다.
이제 사랑에 빠지고, 괴물 같은 악마를 죽이고, 태양을 사라지게 만들고, 도둑질하는 거인을 속인 여러 신의 이야기를 만나 봅시다.

# 신들의 이야기
## 읽기 전에 알아두기

**난쟁이** 북유럽 신화에서, 힘이 엄청나고 마법을 쓰는 몸집이 작은 존재. 용감한 전사나 금속을 잘 다루는 뛰어난 기술자로 자주 나온다.

**두르가** 힌두 신화의 수없이 많은 팔에 무기를 들고 있는, 무시무시한 여신. 사자나 호랑이를 타고 다닌다. 칼리라고도 한다.

**마히샤** 힌두 신화에 나오는 악마로, 물소부터 인간까지 순식간에 변신할 수 있다.

**묠니르** 북유럽 신화의 난쟁이가 만든 토르의 마법 망치. 묠니르는 무시무시한 무기로, 목표를 정확히 맞힌 후 늘 토르에게 되돌아온다.

**삼지창** 끝이 세 갈래로 갈라진 창.

**셀레네** 그리스 신화에 나오는 달의 여신. 티탄족인 히페리온과 테이야 사이에서 태어난 딸로, 두 마리의 말이 끄는 빛나는 마차를 타고 하늘을 날아다닌다.

**스사노오** 일본 신화에 나오는 폭풍과 바다의 신. 이자나미와 이자나기의 아들이자, 아마테라스의 남동생이다.

**아마테라스** 일본 신화에 나오는 태양의 여신. 이자나미와 이자나기의 딸이자, 스사노오의 누나이다.

**아테나** 그리스 신화에 나오는 지혜와 전쟁의 여신. 제우스의 딸로 아테네 시의 수호신이다. 로마 신화의 미네르바에 해당된다.

**엔디미온** 그리스 신화에 나오는 잘생긴 목동. 셀레네 여신이 엔디미온을 영원히 잠들게 한다.

**오모이카네** 일본 신화에 나오는 지혜와 지식의 신.

**제우스** 그리스 신화에 나오는 전지전능한 신들의 왕. 천둥과 번개의 신이기도 하다. 로마 신화의 유피테르에 해당된다.

**토르** 북유럽 신화에 나오는 오딘(신들의 왕)의 아들이자, 위대한 전사. 천둥과 법과 질서의 신이며, 신들이 사는 아스가르드의 수호자다.

**트림** 북유럽 신화에 나오는 거인. 토르의 망치를 훔쳤다가, 도둑질한 벌로 목숨을 잃는다.

**포세이돈** 그리스 신화에 나오는 바다의 신. 제우스와 형제이며, 삼지창을 가지고 다닌다. 로마 신화의 넵투누스에 해당된다.

**프레이야** 북유럽 신화에 나오는 사랑과 아름다움과 풍요의 여신. 바다의 신 니외르드의 딸이며, 마법의 날개옷을 가지고 있어서 하늘을 날 수 있다.

## 한눈에 보는 신화 그리스
## 6 셀레네와 엔디미온

셀레네는 달의 여신으로, 흰 사슴이 끄는 전차를 타고 하늘을 가로지르며 달리곤 했습니다.

어느 날 밤, 셀레네는 전차를 타고 하늘을 날다가 산비탈에서 잠자고 있는 잘생긴 젊은이를 보았습니다. 그 젊은이는 엔디미온이라는 양을 치는 목동이었습니다. 엔디미온에게 첫눈에 반한 셀레네는 전차에서 내려, 잠든 엔디미온에게 입을 맞추고는 다시 전차를 타고 떠났습니다.

엔디미온은 잠을 자면서 꿈꾸듯이 셀레네를 얼핏 본 듯했습니다. 하지만 잠에서 깼을 때는 어두운 밤하늘에 떠 있는 달만 보일 뿐이었습니다. 셀레네는 밤마다 잠들어 있는 엔디미온을 찾아왔습니다. 엔디미온은 반쯤 감은 눈으로 눈부시게 아름다운 여신을 바라보았습니다.

셀레네는 엔디미온이 나이가 들면 잘생긴 모습이 사라질까 봐 겁이 났습니다. 그래서 엔디미온이 다시는 잠에서 깨어나지 못하도록 마법을 건 다음, 산비탈에 있는 동굴로 데려가 눕혔습니다. 엔디미온이 영원히 늙지 않도록 한 것입니다. 셀레네는 밤마다 동굴에 들러 엔디미온의 잘생긴 얼굴을 가만히 들여다보곤 했답니다.

### 고대 로마의 신

고대 로마 사람들은 고대 그리스의 종교와 신화에 감탄해서, 많은 그리스 신화를 자신들의 것으로 받아들였습니다. 심지어 그리스의 신들을 그대로 가져와 로마식 이름을 붙였습니다.

| 그리스 이름 | | 로마 이름 |
|---|---|---|
| 아르테미스 | → | 디아나 |
| 하데스 | → | 플루토 |
| 데메테르 | → | 케레스 |
| 제우스 | → | 유피테르 |
| 페르세포네 | → | 프로세르피나 |

### 한줄요약
달의 여신 셀레네는 목동인 엔디미온에게 반해서 영원히 잠들게 했습니다.

셀레네가 엔디미온을 보고 한눈에 반했다.

셀레네는 잠들어 있는 엔디미온에게 입을 맞추었다.

셀레네는 엔디미온이 잠에서 영영 깨어나지 않도록 마법을 걸었다.

셀레네가 엔디미온을 산비탈에 있는 동굴로 데려갔다.

엔디미온은 영원히 젊고 아름다운 모습을 간직하게 됐다.

## 한눈에 보는 신화 인도
# 7 두르가와 물소 악마

악마 마히샤에게는 무서운 힘이 있었습니다. 바로 여자의 손에 죽지 않는 한 영원히 살 수 있는 힘이었습니다. 마히샤는 어떤 신도 자신을 죽일 수 없다고 생각했습니다. 그래서 악마의 군대를 이끌고 신들이 사는 천상계로 쳐들어갔습니다. 신들은 마히샤의 군대에 맞서 맹렬하게 싸웠지만 마히샤에게 지고 말았습니다. 마히샤는 신들을 천상계에서 쫓아냈지요.

마히샤를 물리칠 수 있는 신은 전쟁의 여신 두르가밖에 없었습니다. 신들은 모든 힘을 끌어 모아 두르가에게 도와 달라고 외쳤습니다. 이윽고 두르가가 눈부신 빛과 함께 사자를 타고 모습을 드러냈습니다.

신들은 두르가에게 자신들의 무기를 주었습니다. 두르가는 수많은 팔로 신들의 무기를 움켜쥐고 마히샤를 물리치러 갔습니다. 악마 전사들이 두르가를 사납게 공격했지만, 두르가는 악마 전사들을 하나하나 죽였습니다.

마침내 혼자 남은 마히샤는 거대한 물소로 변신하고는 두르가에게 달려들었습니다. 두르가는 물소로 변한 마히샤가 가까이 다가올 때를 기다렸다가 칼로 머리를 댕강 잘랐습니다. 결국 마히샤는 여자의 손에 목숨을 잃은 것이지요. 그 뒤 세상은 다시 평화와 조화를 되찾았습니다.

### 두르가를 위한 축제

두르가는 인도 신화 속의 여신들 중 하나로 시바신의 아내입니다. 전설에 따르면, 두르가는 아름다운 여인의 모습으로 태어났으나 전쟁의 여신이었습니다.
두르가 푸자 축제는 인도 북동쪽 지방의 가장 큰 축제로 매년 9~10월에 열립니다. 두르가 여신의 특별한 상을 만들어 9일 동안 숭배한 뒤, 물 속에 가라앉히는 의식이 진행됩니다. 축제 기간 동안 이런 의식과 아울러 대규모 행진과 다양한 축제 행사가 열립니다.

**한줄요약**
전쟁의 여신 두르가는 물소로 변신한 악마 마히샤를 죽였습니다.

## 한눈에 보는 신화 그리스
## 8 포세이돈과 아테나

어느 날, 바다의 신 포세이돈과 지혜와 전쟁의 여신 아테나 사이에 다툼이 생겼습니다. 새 도시가 생겼는데, 두 신 모두 새로운 도시의 수호신이 되고 싶어 했기 때문입니다. 신들의 왕인 제우스는 두 신을 불러 "새 도시에 가장 좋은 선물을 주는 신을 수호신으로 인정하겠다. 그리고 심판은 나와 다른 신들이 보겠다."라고 말했습니다.

포세이돈은 삼지창으로 산 옆쪽을 톡톡 내리쳤습니다. 그러자 물이 솟구쳐 올랐습니다. 아테나는 올리브나무를 자라게 했습니다. 작은 올리브나무를 본 신들은 처음에는 피식거리며 얕봤지만 금세 마음을 바꾸었습니다. 올리브나무에 열매가 열리면 맛있는 올리브 열매와 올리브기름을 얻을 수 있을 뿐만 아니라 튼튼한 목재까지 얻을 수 있으니까요.

새 도시 사람들은 올리브 열매와 목재를 다른 나라에 팔아 부자가 됐습니다. 아테나는 새 도시에 꼭 필요한 선물을 주었고, 신들은 아테나가 이겼다고 선언했습니다. 결국 아테나는 새로운 도시 아테네의 수호신이 되었습니다.

### 올리브 열매를 먹어요

올리브는 올리브 나무의 열매로 이탈리아를 비롯한 지중해 부근 나라들의 요리에서 많이 쓰입니다.
생올리브는 특유의 쓴맛이 있기 때문에, 일정 기간 동안 물이나 소금물 절이면 쓴맛이 사라지고, 고유의 풍미가 살아나며 질감도 부드러워집니다. 올리브오일로 더 잘 알려져 있지만 올리브 열매만으로도 샐러드 재료나 곁들임 요리가 되며, 샐러드, 파스타, 피자 등에 넣어 먹습니다. 올리브 오일은 전체 열량의 80~85%가 지방이지만 대부분이 몸에 좋은 불포화 지방산으로, 건강식품으로 인정받고 있습니다.

**한줄요약**
포세이돈과 아테나가 새 도시의 수호신이 되려고 대결했습니다.

## 한눈에 보는 신화 일본
## 9 태양이 사라진 날

창조신인 이자나기가 왼쪽 눈을 씻을 때 태양의 여신 아마테라스가, 오른쪽 눈을 씻을 때 달의 여신 쓰쿠요미가, 코를 씻을 때 폭풍의 신 스사노오가 태어났습니다. 그런데 스사노오는 밤낮으로 울기만 하다가 아버지 이자나기에게 쫓겨났습니다. 스사노오는 누나인 아마테라스를 찾아갔습니다. 하지만 그곳에서도 아마테라스와 심하게 싸우고 말았습니다.

아마테라스는 화가 나서 깊고 어두운 동굴에 숨어 버렸습니다. 그러자 태양은 사라지고, 온 세상이 어둠에 묻혔습니다.

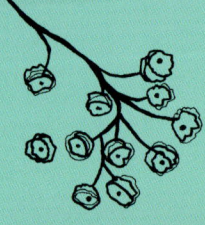

태양이 사라지자, 신들은 모여서 아마테라스를 동굴 밖으로 나오게 할 방법을 찾았습니다. 신들은 동굴 밖에 있는 나무에 마법 거울을 걸고서 새벽의 여신에게 춤을 추도록 하였습니다.

동굴 밖이 시끄럽자 아마테라스는 밖을 살짝 내다봤습니다. 그때 나무에 걸려 있는 거울에 아마테라스의 모습이 비쳤습니다. 아마테라스가 조금 더 동굴 밖으로 나오자 신들은 눈 깜짝할 사이에 아마테라스를 끌어내고, 마법 밧줄로 동굴 입구를 막아 버렸습니다. 이렇게 해서 태양이 세상에 돌아왔답니다. 스사노오는 신들에게 벌을 받고 쫓겨났습니다.

**한줄요약**
신들이 동굴 속에 숨은 아마테라스를 나오게 하자, 태양이 다시 나타났습니다.

**태양신**
세계 여러 나라의 신화에는 태양신이 있습니다. 각기 다른 신화에 나오는 태양신의 이름을 알아봅시다.
① 이집트 신화에서 태양신은 누구인가요?
② 그리스 신화에서 태양신은 누구인가요?
③ 인도 신화에서 태양신은 누구인가요?

정답은 95쪽에 있습니다.

## 한눈에 보는 신화 북유럽
# 10 토르의 잃어버린 망치

천둥의 신 토르는 무시무시한 망치를 가지고 있었습니다. 이 망치는 대장장이 난쟁이들이 토르를 위해 만든 것으로, '묠니르'라고 불렀어요. 토르가 묠니르를 던지기만 하면 묠리르는 적을 반드시 쓰러뜨렸습니다. 그러고는 다시 토르 손에 되돌아왔지요.

어느 날, 토르는 소중한 묠니르를 잃어버렸습니다. 거인 트림이 몰래 훔쳐 간 것이었습니다. 트림은 토르에게 아름다움의 여신 프레이야와 결혼하게 해 주면 묠니르를 돌려주겠다고 했습니다.

말썽꾸러기 신 로키가 토르에게 신부처럼 변장하고 프레이야인 척 트림을 찾아가서 묠니르를 되찾아 오자고 했습니다. 토르는 하는 수 없이 신부처럼 웨딩드레스를 입고, 베일로 얼굴을 가리고 트림을 찾아갔습니다. 그런데 토르가 결혼식 잔치에서 어마어마하게 먹고 마시는 바람에 트림에게 정체를 들킬 뻔하기도 했지요.

드디어 트림이 묠니르를 가져와 신부의 무릎 위에 올려놓았습니다. 바로 그 순간, 토르는 묠니르를 잽싸게 낚아챘고, 입고 있던 옷도 찢어 버렸습니다. 토르는 묠니르를 내리쳐 트림을 죽였답니다.

**한줄요약**
토르는 자신의 망치를 되찾기 위해 신부로 변장하고 트림을 찾아가 망치를 되찾아 왔습니다.

### 천둥의 신 토르!
토르는 법과 질서의 신이자, 신과 사람의 보호자로, 강하고 무서운 신이었습니다. 토르는 몸집이 크고, 붉은 머리카락에 수염도 붉었습니다. 성격도 급해서 잠시도 가만히 있지를 못했습니다. 싸우든, 잔치를 벌이든, 무엇을 하든 시끌시끌 판을 크게 벌였습니다. 맥주도 엄청나게 많이 마셨답니다.

# 영웅과 트릭스터

신화에 나오는 대부분의 영웅은 용감하고 정의로울 뿐만 아니라, 인류에게 불이나 지식 같은 중요한 선물을 주기도 합니다. 하지만 말썽꾸러기들도 있습니다. 이들을 트릭스터라고 부르는데, 평화로운 신들의 세계에 혼돈과 혼란을 가져옵니다.

태양에서 불을 훔치고, 내기에서 신을 이기고, 지혜의 단지를 숨기려고 했던 트릭스터의 이야기를 만나 봅시다.

# 영웅과 트릭스터
## 읽기 전에 알아두기

**네메아의 사자** 그리스 신화에 나오는 금빛 털을 가진 무시무시한 사자. 가죽이 두껍고 단단해서 화살이 뚫고 들어가지 못하고 칼에 베이지도 않는다.

**니아메** 아프리카 신화 나오는 위대한 하늘의 신. 니아메의 오른쪽 눈은 태양이고, 왼쪽 눈은 달이다.

**스발란케** 마야 신화에서 죽음의 신을 속인 쌍둥이 영웅 중 한 명.

**시발바** 마야 신화에서 죽은 사람의 영혼이 가는 무시무시한 지하 세계이다.

**아난시** 아프리카 신화에 나오는 거미. 사람 모습으로 나오기도 한다. 속임수를 쓰거나 장난을 잘 치기로 유명하다.

**에우리스테우스** 그리스 신화에 나오는 왕이자 페르세우스의 손자.

**올림포스 신** 그리스 신화에서 올림포스산에 사는 열두 명의 신.

**우나푸** 마야 신화에서, 죽음의 신을 속인 쌍둥이 영웅 중 하나.

**제우스** 그리스 신화에 나오는 전지전능한 신들의 왕. 올림포스산에서 세상을 지배하고, 천둥과 번개를 다스린다. 로마 신화에서는 유피테르라고 한다.

**케르베로스** 그리스 신화에 나오는 괴물. 머리가 셋 달린 개로, 지하 세계(죽은 사람의 영혼이 가는 곳)의 입구를 지킨다.

**트릭스터** 영리하면서 교활하기도 한 말썽꾼. 신화 속에서 질서를 어지럽히는 사람이나 동물.

**티탄족** 그리스 신화에 나오는 신과 비슷한 열두 명의 거인족(여섯 형제와 여섯 자매). 올림포스 신들 이전에 세상을 다스렸다.

**프로메테우스** 그리스 신화에 나오는 티탄족의 아들. 인간을 도와주려고 신들로부터 불을 훔쳐서 제우스에게 벌을 받는다.

**핀 막쿨** 아일랜드 신화에 나오는 위대한 영웅 거인. 피아나라는 용감한 기사단을 이끌었다.

**헤라** 그리스 신화에 나오는 신들의 여왕이자 제우스의 아내. 결혼과 출산의 여신으로 숭배된다. 로마 신화에서는 유노라고 한다.

**헤라클레스** 그리스 신화에 나오는 위대한 영웅이자 제우스의 아들. 힘이 매우 세고, 위험하고 어려운 열두 가지 과제를 해낸 것으로 유명하다.

**히드라** 그리스 신화에 나오는 뱀처럼 생긴 끔찍한 괴물. 머리가 여러 개인데, 여러 번 잘려 나가도 다시 자라난다. 헤라클레스의 손에 죽는다.

# 한눈에 보는 신화 그리스
## 11 프로메테우스가 불을 훔치다

거인족인 티탄의 아들 프로메테우스는 신에게 제물로 바쳐진 고기를 올림포스 신과 사람에게 나누어 주는 일을 했습니다. 어느 날, 소 한 마리가 제물로 들어오자 프로메테우스는 사람에게 더 좋은 것을 주려고 꾀를 냈습니다. 뼈다귀는 기름덩어리로 감싸 먹음직스럽게 보이게 만들고, 살코기는 뻣뻣한 가죽으로 감싸 맛없게 보이도록 한 것이지요. 그러고는 제우스에게 먼저 고기를 고르라고 했습니다. 제우스는 기름으로 감싼 뼈를 골랐습니다. 그 덕분에 사람은 맛난 살코기를 가질 수 있었습니다.

제우스는 프로메테우스에게 속은 것을 알고 엄청나게 화가 났습니다. 그래서 사람에서 불을 빼앗아 버렸습니다. 불이 사라지자, 사람들은 추위와 어둠 속에서 살아야 했습니다.

그러자 프로메테우스는 태양으로부터 불을 훔쳐서 인간에게 가져다 주었습니다. 하지만 제우스의 뜻을 어긴 대가로, 프로메테우스는 끔찍한 벌을 받아야 했습니다. 제우스는 프로메테우스를 산비탈에 쇠사슬로 묶어 놓고, 거대한 독수리에게 프로메테우스의 간을 쪼아 먹게 했습니다. 사라진 간은 밤새 다시 생겨났기 때문에 독수리는 날마다 프로메테우스를 찾아와 간을 쪼아 먹었습니다.

### 한줄요약
프로메테우스는 신한테서 불을 훔쳐 사람에게 준 죄로 벌을 받았습니다.

### 불을 훔친 도둑 찾기
세계의 많은 신화에, 프로메테우스처럼 신으로부터 불을 훔쳐 인간을 도와주는 인물이 나옵니다. 그리스 신화말고 다른 신화에서도 신으로부터 불을 훔친 도둑에 관한 이야기를 찾아 보세요.

## 한눈에 보는 신화 그리스
# 12 헤라클레스의 과제

헤라클레스는 헤라 여신의 미움을 받았습니다. 헤라는 헤라클라스를 미치광이로 만들어 아내와 아이들을 죽이게 만들었지요. 헤라클레스는 죄를 씻기 위해 미케네의 왕 에우리스테오스의 명령으로 누구도 해내기 어려운 열두 가지 과제를 완수해야 했습니다.

첫 번째 과제는 네메아의 사자를 죽이는 일이었습니다. 헤라클레스는 어떤 무기로도 죽일 수 없는 사자를 몽둥이로 패고 목을 졸라 죽였습니다. 그 뒤, 헤라클레스는 항상 네메아의 사자 가죽을 입고 다녔답니다.

**그다음은 머리가 아홉 개인 괴물 뱀 히드라를 죽이는 과제였습니다. 히드라는 강한 독을 가지고 있었고, 머리를 잘라도 금방 다시 생겨났습니다. 헤라클레스는 입과 코를 막고 히드라의 머리를 자르고서 그 자리를 불로 지져 새로운 머리가 생기지 못하게 했습니다.**

그 뒤 헤라클레스는 거대한 멧돼지를 잡고, 사람을 잡아먹는 새 떼를 죽이고, 야생 말들을 잡아야 했습니다. 마지막 과제는 지하 세계의 입구를 지키는 케르베로스를 잡는 것이었습니다. 케르베로스는 머리가 셋 달린 사나운 개였지요. 결국 헤라클레스는 케르베로스를 잡아서 땅 위로 데리고 왔습니다. 이로써 헤라클레스는 열두 가지 과제를 모두 해내고 죄를 씻을 수 있었습니다.

**한줄 요약**
헤라클레스는 열두 가지의 힘든 과제를 모두 해냈습니다.

### 영웅 소개서
헤라클레스에 관해 더 살펴보고, 다음과 같은 내용을 넣어 영웅 소개서를 완성해 봅시다.

- 태어난 곳
- 부모
- 직업
- 좋아하는 무기
- 최고의 모험
- 최악의 모험
- 강점
- 약점

## 한눈에 보는 신화 아즈텍족
## 13 쌍둥이 영웅과 공놀이

스발란케와 우나푸는 쌍둥이 영웅입니다. 쌍둥이의 아버지는 지하 세계인 시발바를 다스리는 죽음의 신들에게 목숨을 잃었습니다. 그래서 쌍둥이는 아버지의 원수를 갚으려고 단단히 벼르고 있었습니다.

어느 날, 죽음의 신들이 쌍둥이에게 공놀이를 하자고 했습니다. 쌍둥이는 지하 세계인 시발바로 여행길을 떠났습니다. 그 길은 험하고 무서웠지요. 가파른 절벽, 피의 강, 어둠의 집, 칼의 집, 추위의 집과, 박쥐의 집을 지나야 했습니다.

박쥐의 집에 도착했을 때, 거대한 박쥐가 나타나 우나푸의 머리를 낚아채어 죽음의 신들에게 가져갔습니다. 그러자 스발란케는 커다란 호박으로 우나푸의 머리를 새로 만들어 주었습니다.

드디어 죽음의 신들과 쌍둥이가 공놀이를 시작했습니다. 죽음의 신들은 우나푸의 머리를 가지고 공놀이를 했습니다. 스발란케는 우나푸의 머리를 경기장 밖으로 던졌습니다. 죽음의 신들이 우나푸의 머리를 찾는 동안 스발란케는 호박으로 만든 가짜 머리를 진짜 머리인 척 내놓았습니다. 경기가 다시 시작되자, 호박은 쩍 갈라졌고 죽음의 신들이 경기에서 졌습니다.

이 사실을 알게 된 죽음의 신들은 화가 났습니다. 그래서 쌍둥이 영웅을 죽이려고 했지만, 이번에도 쌍둥이가 이겼지요. 그 뒤 쌍둥이는 하늘로 올라가 해와 달이 되었답니다.

### 한줄요약
공놀이에서 죽음의 신들을 이긴 쌍둥이는 해와 달이 되었습니다.

### 새로운 놀이 만들기

옛날 사람들은 놀이를 자신들이 직접 만들어 냈습니다. 방망이나 공 또는 그 밖에 무엇이든 주변에 있는 물건들을 이용해서 여러 가지 놀이를 만들었습니다. 집에서 찾은 물건을 이용해서 자신만의 놀이를 만들어 보세요. 놀이 이름을 정하고, 규칙을 만들어 친구들과 같이 새로운 놀이를 해 봅시다.

# 한눈에 보는 신화 서아프리카
## 14 아난시와 지혜를 담은 단지

아주 오랜 옛날, 사람들은 농사를 지을 줄도, 옷감을 짤 줄도, 금속으로 도구를 만들 줄 몰랐습니다. 위대한 신 니아메가 세상의 모든 지혜가 담긴 진흙 단지를 가지고 있었기 때문입니다.

**어느 날, 니아메는 단지를 거미 인간인 아난시에게 주었습니다. 욕심 많은 아난시는 세상의 모든 지혜를 혼자만 가지고 싶어서 커다란 나무 꼭대기에 단지를 숨기기로 했습니다.**

아난시는 덩굴로 줄을 만들어 배에 단지를 묶고, 나무를 오르기 시작했습니다. 하지만 배에 단지가 매달려 있어서 나무를 오르기가 힘들었습니다. 아난시는 슬슬 짜증이 났습니다.

그때 아난시의 아들이 아난시에게 단지를 등에 묶으라고 말했습니다. 아들 말대로 단지를 등에 묶자, 나무에 훨씬 쉽게 오를 수 있었습니다. 하지만 아난시는 기분이 언짢아졌습니다. 어린 아들이 자신보다 더 똑똑했기 때문이에요.

아난시는 불끈 화가 치밀어서 지혜의 단지를 땅으로 내동댕이쳤습니다. 단지는 말 그대로 산산조각이 나고 말았습니다. 단지 속에 있던 모든 지혜는 저 멀리, 세상 곳곳으로 날아갔답니다.

### 한줄요약
아난시가 단지를 내동댕이치는 바람에 지혜가 온 세상에 퍼졌습니다.

### 신화 속 말썽꾼
아메리카 원주민 신화에 나오는 까마귀, 북유럽 신화에 나오는 로키는 둘 다 용감하면서 꾀가 많은 말썽꾼, 트릭스터예요. 다른 말썽꾼들도 찾아보고 어떤 꾀를 썼는지 찾아봅시다.

# 한눈에 보는 신화 아일랜드
## 15 핀과 지혜의 엄지손가락

거인 핀 막쿨은 어렸을 때, 현명한 시인을 찾아가 그의 제자가 됐습니다. 시인은 '세가이스의 우물'이라고 부르는 샘 옆에 살았습니다. 연못에는 신비한 열매를 먹는 연어가 살고 있었습니다. 이 연어를 먹으면 세상의 모든 지혜를 얻을 수 있었습니다.

**시인은 7년 동안 신비한 열매를 먹은 연어를 잡으려고 애쓰고 있었습니다. 어느 날, 시인이 드디어 지혜의 연어를 잡았습니다. 시인은 핀에게 연어를 요리하라고 시켰습니다. 그러면서 단 한 입도 먹으면 안 된다고 신신당부했습니다.**

핀은 연어를 불에 굽다가 연어 껍질에 엄지손가락을 데이고 말았습니다. 그는 엄지손가락을 얼른 입에 넣었습니다. 그러자 연어의 지혜가 핀에게 옮겨 왔습니다. 엄지 손가락에 연어 기름이 한 방울 묻어 있었거든요.

이 사실을 알게 된 시인은 어린 핀이 세상의 모든 지혜를 얻어야 한다며, 핀에게 연어를 모두 먹으라고 주었습니다. 그 뒤 핀은 지혜가 필요할 때마다 엄지손가락을 입에 넣곤 했답니다.

**한줄요약**
핀 막쿨은 우연히 지혜의 연어를 먹고, 세상의 지혜를 얻었습니다.

### 자이언츠 코즈웨이
아일랜드 북쪽에 있는 자이언츠 코즈웨이는 현무암 기둥 수천 개가 바닷가에 쭉 솟아 있는 곳입니다. 전설에 따르면, 이 기둥들은 핀 막쿨이 다른 거인과 싸우면서, 바다 너머로 거인을 향해 거대한 바위를 던져서 생겼다고 전해집니다.

# 탐험과 모험

신화에서는 영웅들이 탐험과 모험을 떠납니다. 마법이 깃든 물건이나 신성한 물건을 찾아 원정을 떠나기도 하고, 영원한 생명을 얻기 위해 모험을 시작하기도 합니다.

이번에는 영원한 생명을 주는 식물이나 귀중한 황금 양털을 찾아 모험에 나서는 영웅들의 이야기, 새로운 도시를 찾으러 떠나는 대담한 항해 이야기, 다시 고향으로 돌아오지 못한 사람들의 불운한 여행 이야기를 만나 봅시다.

# 탐험과 모험
## 읽기 전에 알아두기

**길가메시** 수메르 신화에 나오는 위대한 영웅이자 우루크의 왕.

**디도** 그리스 신화에 나오는 카르타고(오늘날의 튀니지)의 여왕. 영웅 아이네이아스에게 실연당해 자살했다고 한다.

**메소포타미아** 서남아시아의 티그리스강과 유프라테스강 사이에 있던 땅. 수메르인이 살던 곳.

**불멸** 영원히 사는 것.

**브란** 켈트족 신화에 나오는 위대한 영웅. 마법의 땅으로 떠났다가 다시는 집으로 돌아오지 못했다.

**시** 켈트족 신화에 나오는 불멸의 종족. '행복한 저세상'이라는 마법의 섬에 산다.

**시빌라** 앞날을 예언하던 여사제로, 그리스 신화를 비롯한 여러 신화에 나온다.

**아르고호** 그리스 신화에 나오는 배 이름. 이아손이 황금 양털을 찾아 아르고호를 타고 항해한다.

**아이네이아스** 그리스 신화에 나오는 영웅. 안키세스와 아프로디테의 아들로, 트로이성이 함락되자 로마로 피신하였다. 라티움의 공주와 결혼해 로마 건국의 기초를 쌓았다고 한다.

**여사제** 신을 모시며 신의 예언을 전하는 여성. 또는 여자 예언자.

**우루크** 고대 메소포타미아에 있던 수메르의 중요 도시.

**우트나피쉬팀** 수메르 신화에서 대홍수 때 유일하게 살아남은 사람. 길가메시에게 불멸의 존재로 만들어 주는 약초가 어디에 있는지 알려 준다.

**이아손** 그리스 신화에 나오는 영웅. 아르고호를 타고 콜키스에 있는 황금 양털을 찾아오는 위험한 모험을 떠난다.

**이올코스** 그리스 신화에서 그리스 동쪽에 있는 고대 도시. 이아손이 이곳에서 황금 양털을 찾아 떠나는 항해를 시작했다.

**콜키스** 흑해 연안에 있던 고대 왕국. 오늘날 조지아 공화국이 있는 곳.

**트로이** 트로이 전쟁이 일어난 고대 도시. 현재 튀르키예 북서부에 트로이 전쟁의 유적이 남아 있다.

**하르피아이** 그리스 신화에 나오는 괴물로, 머리는 여자고 몸은 새다. 제물로 바쳐진 사람을 잡아가 자신들의 끔찍한 비명으로 미치게 만든다.

**황금 양털** 그리스 신화에서 날개 달린 황금빛 양의 털가죽.

## 한눈에 보는 신화 그리스
## 16 아이네이아스의 항해

그리스와 트로이 사이에 전쟁이 터졌을 때, 아이네이아스는 트로이 편에서 싸웠습니다. 하지만 전쟁은 그리스의 승리로 끝이 났습니다. 아이네이아스는 트로이에서 달아나 새로운 도시를 찾는 항해를 시작했습니다.

어느 날, 아이네이아스의 배가 북아프리카 해안에 있는 카르타고 근처에서 난파됐습니다. 아이네이아스는 그곳을 다스리는 디도 여왕과 사랑에 빠졌습니다. 디도 여왕은 그에게 카르타고를 함께 다스리자고 했습니다.

**하지만 신들은 아이네이아스에게 계속 항해를 해야 한다고 했습니다. 신들의 뜻대로 아이네이아스는 카르타고를 떠났습니다. 아이네이아스가 떠나자, 디도 여왕은 스스로 목숨을 끊었습니다.**

항해를 계속하던 아이네이아스는 이탈리아 쿠마이에서 미래를 예언하는 시빌라를 만났습니다. 여사제 시빌라는 아이네이아스에게 새로운 도시 로마가 세워지는 미래를 보여 주었습니다.

아이네이아스가 신들의 뜻대로 이탈리아 라티움에 이르렀습니다. 그는 라티움의 공주와 결혼해 새로운 도시 라비니움을 세웠습니다. 그 뒤 아이네이아스의 후손들이 라티움에 로마를 세웠다고 합니다.

### 한줄요약
아이네이아스는 트로이에서 달아났고, 그의 후손들은 라티움에 로마를 세웠습니다.

### 괴물을 찾아라!
아이네이아스와 선원들은 쿠마이로 가던 길에 끔찍한 괴물 둘을 만났습니다. 처음 만난 괴물은 카리브디스라는 바다 괴물이고, 두 번째 만난 괴물은 키클롭스라는 거인이었습니다. 아이네이아스와 선원들이 두 괴물을 어떻게 물리쳤는지 알아봅시다.

# 한눈에 보는 신화 그리스
## 17 이아손과 황금 양털

이아손은 그리스 이올코스의 왕자였습니다. 이아손이 어렸을 때, 이아손의 아버지는 동생 펠리아스에게 쫓겨났습니다. 어른이 된 이아손은 삼촌인 펠리아스를 찾아가 왕위를 돌려 달라고 했습니다. 펠리아스는 이아손에게 콜키스에서 잠들지 않는 용이 지키는 황금 양털을 가져온다면 왕위를 돌려주겠다고 말했습니다.

이아손은 모험을 떠나기 위해 커다란 아르고호를 만들었습니다. 그러고는 모험을 함께 떠날 아르고호의 선원들을 모았습니다.

아르고호의 항해는 위험으로 가득했습니다. 아르고호의 선원들은 머리는 여자고, 몸은 새인 하르피아이를 물리쳐야 했고, 양쪽에 서 있는 암벽이 움직여 배를 부수는 심플레가데스 사이를 뚫고 지나야만 했습니다.

마침내 콜키스에 도착하자, 콜키스 왕인 아이에테스는 이아손에게 황금 양털을 가져가려면 입에서 불을 내뿜는 황소로 밭을 갈고 용의 이빨을 뽑아 거기에 뿌리라고 했습니다. 이아손은 아이에테스의 딸인 메데이아의 도움으로 모든 일을 해낼 수 있었습니다. 결국 이아손은 용을 잠들게 하고 황금 양털을 손에 넣어 이올코스로 돌아왔습니다.

### 이아손의 최후

이아손은 황금 양털을 얻기 위해 메데이아에게 영원한 사랑을 약속했습니다. 하지만 코린토스의 공주와 결혼하기 위해 메데이아를 배신했습니다. 그러자 메데이아는 코린토스의 공주 글라우케를 죽이고, 글라우케의 아버지인 코린토스의 왕도 죽이고, 이아손과의 사이에서 낳은 두 아들도 죽였습니다. 홀로 남은 이아손은 아르고호 밑에서 잠자던 중 배에서 떨어진 썩은 목재에 맞아 죽고 말았습니다.

### 한줄 요약
이아손과 아르고호의 선원들은 모험 끝에 황금 양털을 손에 넣었습니다.

# 한눈에 보는 신화 켈트족
## 18 브란의 항해

옛날 옛적, 영웅 브란이 집에서 성대한 잔치를 열었습니다. 그때 아름다운 여인이 나타나 노래를 불렀습니다. 병도 죽음도 없는 마법의 나라인 '행복한 저세상'을 찾아가는 노래였지요.

그 노래를 들은 브란은 마법의 나라를 찾고 싶었습니다. 그 길로 서른 명의 친구들과 함께 배를 타고 마법의 나라를 찾아 떠났습니다. 며칠 뒤, 그들은 '행복한 저세상'이라는 마법의 섬에 다다랐습니다. 마법의 섬은 영원히 죽지 않는 '시' 종족이 살고 있었습니다. 굉장히 평화롭고 행복한 곳이었지요.

1년 뒤, 브란과 함께 온 네크탄은 고향이 그리워 향수병에 걸렸습니다. 그는 브란과 친구들에게 아일랜드로 돌아가자고 설득했습니다. 그러자 시 종족은 절대로 아일랜드 땅을 밟아서는 안 된다고 경고했습니다. 하지만 브란과 친구들은 시 종족의 말을 듣지 않고 아일랜드를 향해 항해를 시작했습니다.

배가 아일랜드에 가까워지자, 네크탄이 배에서 뛰어내려 육지를 향해 달려갔습니다. 그런데 바닷가에 도착하여 땅을 밟자마자, 그의 몸은 먼지가 됐습니다. 깜짝 놀란 브란은 뱃머리를 돌렸습니다. 시 종족의 경고가 맞았던 거예요. 그 뒤로 브란과 그의 친구들이 탄 배를 본 사람은 아무도 없습니다.

### 한줄요약
브란은 '행복한 저세상'을 찾아갔지만, 집으로 다시 돌아오지 못했습니다.

### 마법의 나라 그리기
브란은 병도 죽음도 없는 마법의 나라인 '행복한 저세상'을 찾아갔습니다. 내가 생각하는 행복한 저세상은 어떤 곳인가요? 내가 생각하는 '행복한 저세상'을 그림으로 그려 보세요.

# 한눈에 보는 신화 수메르족
## 19 길가메시의 모험

길가메시는 우루크의 왕이었습니다. 그는 반은 신이고, 반은 사람이었습니다. 그래서 언젠가는 사람처럼 죽을 운명이었지요. 어느 날, 길가메시의 가장 친한 친구인 엔키두가 죽자, 길가메시도 죽음에 대한 두려움에 휩싸였습니다. 그래서 영원히 죽지 않을 불멸의 비밀을 찾기로 했습니다.

**길가메시는 불멸의 비밀을 알아보려고 대홍수에서 혼자 살아남은 우트나피쉬팀을 찾아갔습니다. 우트나피쉬팀은 길가메시에게 '젊음을 되찾게 해 주는 풀'이 있는데, 그 풀은 지하 세계에 있는 호수 밑바닥에서 자란다고 말해 주었습니다.**

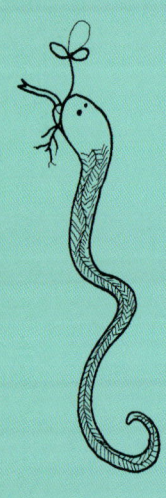

길가메시가 우트나피쉬팀의 이야기를 듣고 자신의 발에 무거운 돌을 묶었습니다. 그러자 돌은 길가메시를 지하 세계로 끌고 내려갔습니다. 길가메시는 뱃사공인 우르샤나비의 도움을 받아 젊음을 되찾게 해 주는 풀을 구할 수 있었습니다.

길가메시는 젊음을 되찾게 해 주는 풀을 가지고 우루크로 떠났습니다. 어느 날 어둠이 내린 저녁, 길가메시는 개울에서 몸을 씻으려고 젊음을 되찾게 해 주는 풀을 두고 잠시 자리를 비웠습니다. 그때 뱀이 나타나 풀을 훔쳐 달아났습니다. 결국 길가메시는 젊음을 되찾게 해 주는 풀을 잃은 채, 쓰라린 마음을 안고 우루크로 돌아갔습니다.

### 한줄요약
길가메시는 젊음을 되찾게 해 주는 풀을 찾았지만 뱀이 훔쳐 갔습니다.

### 죽지 않고 영원히 사는 존재
많은 신화에 죽지 않고 영원히 사는 사람들이 나옵니다. 중국 신화에서는 하늘나라 황제의 아내인 서왕모가 특별한 물약이나 서왕모의 정원에서 자라는 복숭아를 줘서, 인간을 불멸의 존재로 만들어 줍니다.

# 땅, 물 그리고 하늘

고대 사람들의 눈에는 동쪽에서 뜨고 지는 해, 높이 솟은 산, 세차게 흘러가는 강까지, 눈에 보이는 모든 것이 마법처럼 보였습니다. 고대 사람들은 신들이 세상의 모든 것을 창조했다고 믿었고, 신화로 모든 것을 설명하려고 했습니다.

이번에는 계절이 생겨난 이유, 세상을 위험에 빠뜨린 열 개의 태양, 하늘에서 떨어지는 강물을 받은 신, 달 표면의 토끼 모양 그림자, 무지개뱀, 새장에 갇힌 천둥의 신 등 자연 현상과 연관된 신화를 만나 봅시다.

# 땅, 물 그리고 하늘
## 읽기 전에 알아두기

**갠지스강** 힌두교에서 신성하게 여기는 인도의 강.

**꿈의 시간** 오스트레일리아 원주민 신화에서 정령이 세상을 창조하던 신성한 시간.

**나나우아친** 아즈텍 신화에서 태양이 된 신.

**데메테르** 그리스 신화에서 곡식을 자라게 하는 대지의 여신. 페르세포네의 어머니로, 로마 신화에서 케레스에 해당된다.

**무지개뱀** 오스트레일리아 원주민 신화에서 하늘에 무지개로 나타나는 뱀의 정령.

**바기라타** 힌두 신화에 나오는 왕으로, 갠지스강을 지상으로 가져왔다.

**사카라** 힌두 신화에 나오는 고대 왕이자 위대한 통치자. 바기라타의 할아버지.

**시바** 힌두교에 나오는 위대한 신. 하늘에서 떨어지는 갠지스강을 기다란 머리카락으로 받아 천천히 흘러내리게 했다.

**예** 중국 신화에서 활을 잘 쏘는 훌륭한 궁수. 태양 아홉 개를 화살로 쏘아 맞혀 세상을 구했다.

**인드라** 힌두교에 나오는 신들의 왕이자, 전쟁과 폭풍의 신.

**테쿠시스테카틀** 아즈텍 신화에서 달이 된 신.

**페르세포네** 그리스 신화에 나오는 대지의 여신 데메테르의 아름다운 딸. 하데스에게 납치되어 지하 세계로 끌려가 하데스의 아내가 된다. 로마 신화에서는 프로세르피나라고 한다.

**하데스** 그리스 신화에 나오는 지하 세계의 신. 페르세포네를 납치하여 아내로 삼았다. 로마 신화에서는 플로토라고 한다.

# 한눈에 보는 신화 그리스
## 20 데메테르와 페르세포네

대지의 여신 데메테르에게는 아름다운 딸 페르세포네가 있었습니다. 지하 세계의 신 하데스는 페르세포네를 좋아했습니다.

어느 날, 페르세포네가 꽃을 따고 있는데, 하데스가 나타나 페르세포네를 지하 세계로 납치했습니다. 데메테르는 딸이 사라지자, 슬픔에 잠겨 곡물도 돌보지 않고 딸만 찾으러 다녔습니다. 그러자 곡물은 말라 죽고, 사람들은 굶주리기 시작했습니다.

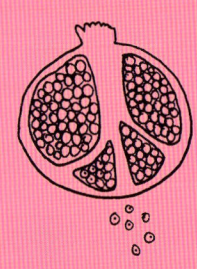

결국 신들의 왕 제우스가 데메테르에게 페르세포네를 다시 돌아오게 해 주겠다고 약속했습니다. 단, 지하 세계에서 아무것도 먹지 않았다면 말이지요. 그런데 이미 하데스가 페르세포네에게 석류를 몇 알을 먹게 한 뒤였습니다. 제우스는 하는 수 없이 페르세포네에게 일 년 중 몇 달은 지하 세계에서 하데스와 지내고, 나머지 몇 달은 땅에서 어머니와 함께 지내라고 명령했습니다.

페르세포네가 지하 세계에서 사는 동안 대지의 여신 데메테르가 슬픔에 빠지고, 곡물이 모두 죽었습니다. 이때가 겨울입니다. 페르세포네가 돌아오면 데메테르는 행복해져서 곡물이 새로 자랐습니다. 이때가 봄입니다. 이렇게 해서 계절이 생겼습니다.

### 한줄요약
데메테르의 딸 페르세포네가 하데스에게 납치 당해서 계절이 생겼습니다.

### 그리스 신화에서 찾아보기
데메테르와 페르세포네는 그리스 신화에 나오는 이야기입니다. 이 그리스 신화와 비슷한 로마 신화를 찾아보고, 다음에 나오는 그리스 신들의 로마 이름을 찾아 주세요.

- 데메테르
- 페르세포네
- 제우스

정답은 95쪽에 있습니다.

## 한눈에 보는 신화 중국
## 21 화살로 태양을 쏘다

오랜 옛날, 하늘에 태양이 열 개나 있었습니다. 태양은 하나씩 번갈아 나와 세상을 비췄습니다. 세상은 따뜻하고, 곡식은 쑥쑥 자라고, 사람들은 행복했지요.

그러던 어느 끔찍한 날, 열 개의 태양이 한꺼번에 하늘에 떠올랐습니다. 그러자 땅은 바짝 마르고, 곡식은 시들고, 사람들은 굶주려 죽기 시작했습니다.

**하늘나라 왕은 활을 잘 쏘는 궁수 예를 불러서 화살로 태양을 쏘아 떨어뜨리라고 명령했습니다. 예는 활과 화살로 태양을 하나하나 겨누어 떨어뜨렸습니다.**

예가 여섯 번째 태양을 쏘고 화살이 아직 네 개가 남았을 때였습니다. 하늘나라 왕은 걱정이 됐습니다. 만약 예가 태양 열 개를 모두 쏘아 떨어뜨린다면, 세상은 어둠에 묻히고, 큰 재앙이 일어날 것이 뻔했거든요.

하늘나라 왕은 예의 화살 하나를 슬쩍 빼냈습니다. 이렇게 해서 예는 태양을 아홉 개까지만 쏠 수 있었습니다. 하늘에는 태양이 하나만 남았습니다. 곧이어 구름이 생겨서 비가 내렸고, 세상은 다시 평화를 찾았습니다.

### 한줄요약
궁수 예가 태양 열 개 중에서 아홉 개를 활로 쏘아 세상을 구했습니다.

### 예는 어떻게 되었을까?
예가 화살로 쏜 태양 아홉 개는 동쪽 하늘의 신 제준의 아들들이었습니다. 아들들을 잃은 제준은 예에게 화가 나서 예와 그의 아내(달의 여신 항아)를 하늘에서 쫓아냈습니다. 신처럼 죽지 않는 존재였던 예와 그의 아내는 인간처럼 죽음을 맞이할 운명이 되었습니다.

# 한눈에 보는 신화 인도
## 22 하늘에서 떨어진 갠지스강

사카라 왕은 말을 제물로 바치는 제사를 지내려고 했습니다. 자신이 세상에서 가장 위대한 지배자라는 걸 보여 주고 싶었던 사카라 왕은 왕국에서 가장 훌륭한 말을 골랐습니다.

신들의 왕 인드라는 사카라 왕이 더 강해지는 것이 못마땅했습니다. 그래서 사카라 왕의 말을 땅속 깊은 곳에 숨겨 버렸습니다. 사카라 왕은 6만 명의 아들들에게 말을 찾아 오도록 시켰습니다. 이들이 온 세상을 뒤졌지만 말을 찾을 수 없었습니다. 이들은 땅속까지 찾으러 갔다가 모두 재가 되고 말았습니다.

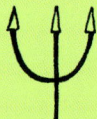

사카라 왕의 후손인 바기라타는 선조들을 다시 살리고 싶었습니다. 그러려면 신성한 갠지스강을 하늘에서 땅으로 끌어내려야 했습니다. 바기라타는 신들에게 도와 달라고 기도했습니다. 신들은 바기라타의 기도를 들어주기로 했습니다. 하지만 강물의 물살이 너무 거세서 강물이 곧장 내려오면 땅이 박살날 수밖에 없었습니다.

바기라타는 시바 신에게 도와 달라고 부탁했습니다. 시바 신은 길고 헝클어진 머리카락으로 강물을 받아서, 갠지스강이 머리카락을 따라 땅으로 잔잔하게 흘러내리게 했습니다. 바기라타는 강물이 땅속으로 흘러들도록 했고, 죽은 선조들의 재에 강물이 닿자, 사카라 왕의 아들들은 자유를 되찾았습니다.

### 한줄요약
시바 신이 갠지스강을 머리카락으로 받아, 강물이 하늘에서 땅으로 잔잔하게 흘러내리게 했습니다.

### 신성한 강
힌두교인들은 갠지스강을 매우 신성하게 여깁니다. 갠지스강의 물이 죄를 씻어 내어 자유를 줄 거라고 믿기 때문입니다. 그래서 해마다 수많은 힌두교인들이 갠지스강에서 몸을 씻으려고 찾아옵니다.

# 한눈에 보는 신화 아즈텍족
## 23 달에 비치는 토끼

땅과 하늘이 생긴 뒤에 신들이 모였습니다. 태양과 달이 될 신을 정하기 위해서였습니다. 스스로 태양과 달이 되겠다고 나선 신은 둘 뿐이었습니다. 바로 부유하고 잘난 척하는 테쿠시스테카틀과 가난하고 착한 나나우아친이었습니다. 신들은 두 신을 시험하기 위해 맹렬히 타오르는 불을 피우고, 불 속으로 뛰어들라고 했습니다.

나나우아친은 망설이지 않고 곧장 불 속으로 뛰어들었습니다. 테쿠시스테카틀은 네 번이나 불 앞에서 머뭇거렸지만 나나우아친을 뒤따라 불 속으로 뛰어들었습니다.

나나우아친은 태양이 되어 하늘에 떠올랐습니다. 나나우아친이 어찌나 밝은지 신들은 나나우아친의 얼굴을 똑바로 쳐다볼 수 없었습니다. 테쿠시스테카틀도 달이 되어 하늘에 떠올랐습니다. 테쿠시스테카틀은 나나우아친에게 지지 않으려고 눈이 부실 정도로 환하게 빛을 냈습니다. 신들은 달이 태양보다 더 밝게 빛날까 봐 걱정했습니다.

그러자 한 신이 토끼를 달로 던져서 달빛이 어둑해지게 했습니다. 이것이 우리가 달에서 토끼 모양을 볼 수 있는 이유랍니다.

**한줄 요약**
나나우아친과 테쿠시스테카틀은 하늘에 올라가 태양과 달이 됐습니다.

### 달에 누가 있을까?

보름달이 또렷이 찍힌 사진을 인터넷에서 찾아, 달 표면에 있는 그림자를 살펴봅시다.
사람이나 토끼 모습과 비슷한 그림자가 거뭇하게 보이나요? 아니면 완전히 다른 모양이 보이나요? 달 사진을 출력해서, 달 표면의 그림자가 어떤 모양인지 확인해 봅시다.

# 한눈에 보는 신화 | 오스트레일리아 원주민 |
## 24 무지개뱀

옛날 드림 타임이었을 때, 무지개가 뱀으로 변신해 하늘에서 내려와 땅을 스르르 기어 다녔습니다. 그러다가 무지개뱀은 사람들이 모닥불을 둘러싸고 있는 곳에 다다랐습니다. 무지개뱀은 사람들에게 춤추고 노래하는 법을 알려 주었습니다.

**어느 날, 폭풍우가 쏟아졌습니다. 비를 피해 남자아이 둘이 무지개뱀이 사는 집으로 뛰어들었습니다. 마침 배가 고팠던 뱀은 두 아이를 통째로 삼켰습니다. 다음 날, 무지개뱀은 몰래 마을을 떠났습니다. 사람들은 아이들이 사라진 걸 알고, 뱀을 뒤쫓았습니다.**

얼마 뒤, 사람들은 무지개뱀이 산을 휘감고 깊이 잠든 걸 발견했습니다. 사람들은 뱀에게 살금살금 다가가 옆구리를 길게 갈랐습니다. 무지개뱀의 몸속에서 나온 남자아이들은 앵무새가 되어 날아가 버렸습니다.

그때 잠에서 깬 무지개뱀이 옆구리에 난 상처를 보더니 불같이 화가 나서 산을 더 꽉 조였습니다. 그러자 산은 산산히 부서지고 돌멩이들이 사방으로 떨어졌습니다. 하늘에서는 폭풍우가 휘몰아쳤습니다. 무지개뱀은 이리저리 기어 다니다가 땅속으로 사라졌습니다. 뱀이 지나간 자리에는 언덕과 호수, 그리고 강줄기가 남았답니다.

### 한줄요약
무지개뱀이 땅으로 내려와서 언덕과 강과 호수를 만들었습니다.

### 드림 타임
오스트레일리아의 원주민(애버리지니)은 세상에 있는 모든 풍경, 자연, 생명체를 신성하게 여깁니다. 이 모든 것은 아주 오래전, '드림 타임'에 창조되었다고 믿고 있습니다. 드림 타임 때 정령들이 오스트레일리아를 누비며, 가는 곳마다 멋진 자연 풍경을 만들었다고 합니다.

## 한눈에 보는 신화 중국
## 25 조롱박을 탄 아이들

어느 여름날, 한 농부가 밭에서 우르릉 쿵쾅거리는 천둥소리를 들었습니다. 천둥의 신을 혼쭐내고 싶었던 농부는 재빨리 아이들을 집으로 들여보내고, 문에 철로 만든 새장을 달았습니다. 곧 폭풍우가 사납게 몰아쳤고, 천둥의 신이 구름 밑으로 날았습니다. 농부는 천둥의 신을 재빨리 새장 안으로 밀어 넣고 문을 쾅 닫았습니다.

다음 날, 농부는 집에 남은 아이들에게 천둥의 신에게 물을 절대 주지 말라고 신신당부하고는 시장에 갔습니다. 천둥의 신은 아이들에게 마실 물을 달라며 애걸복걸했습니다. 어찌나 간절하게 빌던지 아이들은 그만 천둥의 신에게 물을 주고 말았습니다.

물을 마신 천둥의 신은 곧장 새장을 박차고 나왔고, 아이들에게 이빨을 주며 땅에 심으라고 했습니다. 아이들이 이빨을 심자, 싹이 트고 쑥쑥 자라더니 커다란 조롱박이 열렸습니다. 시장에서 돌아온 농부는 조롱박을 갈라 배를 만들었습니다.

얼마 뒤, 비가 억수같이 쏟아지기 시작했습니다. 천둥의 신이 대홍수를 일으킨 것입니다. 땅은 물에 전부 잠기고 사람들은 물에 빠져 죽었습니다. 조롱박을 탄 농부와 아이들만 간신히 살아남았답니다.

### 한줄요약
농부가 천둥의 신을 가두어서, 천둥의 신이 벌로 홍수를 일으켰습니다.

### 홍수 신화
세계 거의 모든 신화에는 대홍수가 일어나 세상을 모조리 쓸어버리고 사람들이 거의 죽었다는 내용이 있습니다. 대개는 신이나 정령이 사악한 인간을 벌하려고 홍수를 일으킨다고 합니다. 홍수가 세상을 쓸어버린 뒤에는, 더 나은 새로운 세상이 나타난다고 합니다.

# 기이하고 신기한 괴물

세계의 여러 신화에는 큰 소리로 울부짖고 쿵쾅거리며 다니는 기이한 괴물들이 나옵니다. 신화에서는 사람들을 위해 괴물들과 맞서 싸우는 신이나 영웅도 함께 등장합니다. 신과 영웅들은 나쁜 짓을 저지르는 괴물을 뒤쫓고, 싸우고, 잡아 죽입니다.

황소 머리를 한 괴물, 구름을 먹는 괴물, 사람을 돌로 만드는 괴물, 신들을 못살게 구는 뱀, 불을 뿜는 용, 그리고 용을 죽이는 영웅의 이야기를 만나 봅시다.

# 기이하고 신기한 괴물
## 읽기 전에 알아두기

**고르곤** 그리스 신화에서 한때 아름다운 여성이었지만 흉측하게 변해 버린 세 자매 중 한 명. 고르곤과 시선을 마주친 사람들은 돌처럼 굳어 버렸다.

**구름 먹는 괴물** 아메리카 원주민 신화에 나오는 괴물. 구름을 먹어 치우는 괴물로, 가뭄이 오게 한다.

**님프** 그리스 신화에서 젊은 여성의 모습을 띤 자연의 정령.

**라비린토스** 그리스 신화에서 크레타섬에 지어진 미궁. 구조가 복잡해서 한번 들어가면 출구를 찾기 힘들다.

**레긴** 북유럽 신화에 나오는 인간으로, 파프니르와 형제다. 시구르드의 손에 죽는다.

**메두사** 그리스 신화에 나오는 고르곤 자매 중 막내. 뱀들이 머리카락을 이루고 있고, 메두사와 눈을 마주친 사람은 돌로 변한다.

**미노타우로스** 그리스 신화에서 사람의 몸에 머리가 황소인 괴물. 크레타섬에 있는 라비린토스(미궁)에 살았다.

**시구르드** 북유럽 신화에 나오는 영웅. 파프니르와 레긴을 죽이고, 파프니르가 훔친 금을 차지한다.

**아리아드네** 그리스 신화에서 테세우스가 괴물 미노타우로스를 죽이도록 도와준 공주. 나중에 테세우스는 아리아드네를 버리고 떠난다.

**아에기르** 유럽 신화에 나오는 바다의 신. 신들을 위해 술을 빚는다.

**아하유테** 아메리카 원주민 신화에 나오는 '구름 먹는 괴물'을 죽인 소년.

**예언** 마법의 힘으로 앞으로 일어날 일을 말하는 것.

**요르뭉간드** 북유럽 신화에서 독을 지닌 거대한 바다뱀. 세상을 둥글게 휘감고 있다.

**테세우스** 그리스 신화에 나오는 영웅. 크레타섬으로 건너가 아리아드네 공주의 도움을 받아 괴물 미노타우로스를 죽인다.

**파프니르** 북유럽 신화에 나오는 인간으로, 아버지인 흐레이드마르에게서 저주 받은 금을 훔쳤다. 스스로 용으로 변신하여 금을 지키다가 시구르드의 손에 죽는다.

**페르세우스** 그리스 신화에 나오는 영웅. 고르곤 자매 중 메두사를 죽인다.

**흐레이드마르** 북유럽 신화에서 나오는 마법사이자 파프니르의 아버지. 저주 받은 금을 가지고 있었다.

**히미르** 북유럽 신화에 나오는 거인. 아에기르가 술을 빚는 데 필요한 가마솥을 가지고 있었다.

# 한눈에 보는 신화 그리스
## 26 테세우스와 미노타우로스

크레타섬의 왕인 미노스는 사람의 몸에 머리가 황소인 미노타우로스를 라비린토스에 가두었습니다. 라비린토스는 한번 들어가면 빠져나올 수 없는 미궁이었습니다. 미노스는 아테네 왕에게 9년에 한 번씩 젊은 남자 일곱 명, 젊은 여자 일곱 명을 보내라고 했습니다. 그 젊은이들은 미노타우로스의 먹이로 바쳐졌지요.

**크레타섬에 열네 명의 젊은이를 보내야 할 때가 다가왔습니다. 아테네 왕의 아들인 테세우스가 스스로 크레타섬으로 가겠다고 나섰습니다. 미노타우로스를 죽이겠다면서 말이지요.**

테세우스가 젊은이들과 함께 크레타섬에 도착했습니다. 미노스의 딸인 아리아드네가 테세우스를 보자마자 사랑에 빠졌습니다. 그녀는 테세우스에게 결혼 약속을 받고 라비린토스를 빠져나올 수 있도록 칼과 실타래를 건네 주었습니다.

테세우스는 실의 한쪽 끝을 라비린토스 문에 묶고, 실을 풀면서 라비린토스 속으로 들어갔습니다. 테세우스는 아리아드네가 준 칼로 미노타우로스를 죽이고 실을 따라 밖으로 나올 수 있었습니다. 라비린토스에서 살아 나온 테세우스는 아리아드네와 아테네 젊은이들을 배에 태우고 아테네로 향했습니다. 하지만 테세우스는 중간에 아리아드네를 낙소스섬에 버리고 아테네로 돌아갔습니다.

### 상상 속의 괴물 그리기

신화에는 사람을 잡아먹는 괴물로 가득합니다. 어떤 괴물은 머리가 많거나, 거대하거나, 발톱이 날카롭습니다. 어떤 괴물은 반은 사람이고, 반은 동물이기도 합니다.
이 책에 나오는 다양한 괴물을 참고해서, 신화에 나올 만한 괴물을 상상하여 그려 보세요. 괴물에게 어울리는 무시무시한 이름도 붙여 주세요.

**한줄요약**
테세우스가 아리아드네의 도움으로 미노타우로스를 죽이고 라비린토스를 빠져나왔습니다.

# 한눈에 보는 신화 북유럽
## 27 시구르드가 용을 죽이다

옛날 옛적, 마법사의 아들 파프니르가 아버지 흐레이드마르를 죽였습니다. 아버지가 신들에게 받은 황금을 차지하기 위해서였습니다. 그런데 그 황금에는 저주가 걸려 있었습니다. 누구든 그 금을 가지고 있으면 불행해지고 목숨을 잃을 거란 저주였죠. 파프니르는 저주를 피하고 황금을 지키기 위해 용으로 변신했습니다.

**파프니르에게는 레긴이라는 동생이 있었습니다. 레긴은 재주 좋은 대장장이로, 시구르드라는 제자가 있었습니다. 레긴은 시구르드에게 흐레이드마르의 원수를 갚고 파프니르에게서 황금을 찾아오자고 했습니다.**

시구르드는 레긴이 만들어 준 칼을 가지고 용을 찾으러 떠났습니다. 용이 사는 곳에 도착한 시구르드는 땅을 파고 몸을 숨겼습니다. 용이 물을 마시러 나오기를 기다렸다가 시구르드는 칼을 뽑아 들고 용을 죽였습니다. 그러고는 용의 심장을 불에 구워 먹었지요.

그러자 시구르드는 새들이 하는 말을 알아들을 수 있게 됐습니다. 새들은 시구르드에게 레긴이 시구르드를 죽이고 황금을 빼앗으려고 한다고 말했습니다. 그 말을 들은 시구르드는 레긴을 죽이고, 황금을 지켰습니다.

### 용을 죽인 성 게오르기우스

성 게오르기우스는 원래 로마 군인으로, 크리스트교를 버리라는 로마 황제의 명령을 거부해서 목숨을 잃은 순교자입니다.
그는 용을 죽였다는 전설로 유명합니다. 성 게오르기우스가 동방을 여행하다가 어느 마을에 들렀습니다. 그런데 그 마을은 공포에 휩싸여 있었습니다. 무시무시한 용이 여자아이들을 모조리 잡아먹고, 왕의 딸마저 먹어 치우려고 했기 때문입니다. 성 게오르기우스는 용을 죽이고 공주를 구했습니다.

**한줄요약**
시구르드가 용을 죽이고,
새들의 말을
알아들을 수 있는 능력을
갖게 되었습니다

## 한눈에 보는 신화 [아메리카 원주민]
## 28 아하유테와 구름 먹는 괴물

옛날, 거대한 산에 구름을 먹는 괴물이 살았습니다. 괴물은 아침마다 산꼭대기에 올라가서 하늘에 떠 있는 구름을 모조리 먹어 치웠습니다. 구름이 사라져 버리자, 땅에는 비가 내리지 않았습니다. 곧 심각한 가뭄이 들었지요. 곡식은 말라 죽고, 사람들은 굶주렸습니다. 용감한 전사들이 괴물을 없애려고 나섰지만 모두 실패했습니다.

**어느 날, 아하유테가 구름 먹는 괴물을 없애기로 마음먹었습니다. 할머니는 길을 떠나는 아하유테에게 빨간색, 파란색, 노란색, 검은색 깃털을 주었습니다.**

아하유테는 머리카락에 빨간색 깃털을 꽂았습니다. 빨간색 깃털은 괴물이 사는 곳을 알려 주었습니다. 아하유테는 괴물이 있는 곳으로 가는 길에 땅다람쥐를 만났습니다. 노란색 깃털을 꽂자 아하유테는 땅다람쥐처럼 작아졌습니다. 파란색 깃털을 꽂자 땅다람쥐의 말을 할 수 있게 됐지요. 땅다람쥐는 아하유테를 자기 굴로 데려가 땅속에 길게 난 굴을 지나 구름 먹는 괴물이 사는 곳까지 데려갔습니다. 아하유테는 머리카락에 검은색 깃털을 꽂았습니다. 검은색 깃털은 아하유테에게 괴물을 물리칠 힘을 주었습니다. 결국 아하유테는 세상에 구름과 비를 되찾아 주었답니다.

### 모집 광고 만들기

구름 먹는 괴물을 잡으러 같이 갈 전사를 모집해 봅니다. 다음 내용을 포함해서, 광고 포스터처럼 전사를 모집한다는 광고를 만들어 봅시다.

- 구름 먹는 괴물은 어떻게 생겼을지 그림을 그려 보세요.
- 구름 먹는 괴물의 능력과 범죄 목록
- 구름 먹는 괴물을 잡았을 때 받을 포상금

**한줄요약**
아하유테는 마법 깃털 덕분에 구름 먹는 괴물을 물리쳤습니다.

## 한눈에 보는 신화 그리스
## 29 페르세우스와 메두사

아르고스의 왕은 자신의 딸인 다나에와 그녀의 아들 페르세우스를 상자에 담아 바다에 버렸습니다. 다나에가 낳은 아들이 자신을 죽일 거라는 신의 예언 때문이었습니다. 다나에와 페르세우스는 바다에 떠돌다가 세리포스섬에 도착했습니다. 세리포스섬의 왕은 다나에와 페르세우스를 보호해 주었습니다.

어느 날, 왕은 페르세우스에게 메두사의 머리를 가져오라고 시켰습니다. 메두사는 쳐다보는 사람을 돌로 만들어 버리는 무서운 괴물이었지요.

페르세우스는 신들에게 도와 달라고 부탁했습니다. 신들은 페르세우스에게 날개 달린 신발, 날카로운 낫, 반짝이는 방패, 투명 인간이 되게 하는 투구를 주었습니다. 그는 신들이 준 무기로 무장을 하고, 메두사가 살고 있는 동굴을 찾아갔습니다. 날개 달린 신발을 신은 페르세우스는 잠든 메두사의 머리 위로 날아가 방패에 비친 메두사를 보고 낫으로 머리를 잘라 자루에 넣었습니다.

페르세우스는 메두사의 머리를 들고 세리포스섬으로 돌아왔습니다. 마침 세리포스섬의 왕이 페르세우스의 어머니인 다나에와 억지로 결혼하려고 하고 있었습니다. 페르세우스는 자루에서 메두사의 머리를 꺼내 높이 들어 올렸습니다. 세리포스섬의 왕은 그 자리에서 돌로 변해 버렸습니다.

### 한줄요약
페르세우스는 신들의 선물을 사용하여 메두사를 죽였습니다.

### 메두사는 누구일까요?
메두사는 고르곤이라는 괴물 세 자매 가운데 막내로, 한때 매우 아름다운 님프였습니다. 그런데 메두사가 아테나 여신을 화나게 만들었습니다. 아테나 여신은 메두사의 찰랑이는 머리카락을 꿈틀거리는 독뱀으로 바꾸고, 아름다운 얼굴을 소름끼치도록 못생기게 바꾸어 버렸습니다. 그리고는 메두사의 얼굴을 보는 사람은 모두 돌로 변하도록 했습니다.

## 한눈에 보는 신화 [북유럽]
# 30 토르와 요르뭉간드

바다의 신 아에기르가 신들에게 줄 술을 빚고 있었습니다. 하지만 술독이 작아서 다른 신들에게 줄 술이 모자랐습니다. 토르는 거인 히미르의 거대한 술독을 가져오겠다고 아에기르에게 말했습니다. 히미르의 집에 찾아간 토르는 히미르 집에서 밤새 머물며 엄청난 음식을 먹어 댔습니다.

다음 날 아침, 토르는 낚시를 가는 거인 히미르를 따라 바다로 나갔습니다. 먼저 히미르가 거대한 고래 두 마리를 잡았습니다. 이에 질세라, 토르는 낚싯바늘에 황소 머리를 달고는 배 밖으로 던졌습니다.

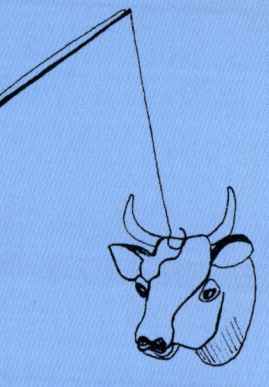

얼마 뒤 낚싯바늘에 달린 황소 머리를 거대한 바다뱀인 요르뭉간드가 물었습니다. 요르뭉간드는 낚싯바늘이 목구멍에 단단히 걸리자 몸부림을 치며 허우적거렸습니다. 토르는 낚싯줄을 힘껏 끌어당겼습니다. 마침내 요르뭉간드가 배와 가까워지자 토르는 묠니르를 들어 머리를 내리치려고 했습니다. 이때 히미르는 낚싯줄을 끊었고, 요르뭉간드는 바다 밑바닥으로 가라앉았습니다.

집으로 돌아온 토르는 히미르에게 술독을 달라고 했습니다. 하지만 히미르는 절대로 깨지지 않는 술잔을 깨뜨려야만 술독을 줄 수 있다고 했습니다. 토르는 술잔을 히미르의 머리에 던져 깨뜨리고는 술독을 아에기르에게 가져다주었습니다.

### 거대한 바다뱀, 요르뭉간드

요르뭉간드는 거대한 바다뱀이자 신들의 적입니다. 신들의 왕인 오딘은 요르뭉간드를 아스가르드(천상)에서 바다로 내던졌습니다. 요르뭉간드는 바닷속에서 점점 자라나, 세상을 한 바퀴 빙 감고도 꼬리가 입에 닿을 만큼 커졌습니다.
신들의 세계가 멸망할 때 토르가 거대한 요르뭉간드를 죽이지만, 토르도 요르뭉간드의 독 때문에 죽게 됩니다.

**한줄요약**
토르가 거인 히미르와 낚시하러 갔는데, 바다뱀 요르뭉간드가 낚싯대에 걸렸습니다.

## 지식 플러스
## 제주도 창조 신화

세계적으로 가장 대표적인 창조 신화라고 하면 『그리스 로마 신화』와 『성서』에 나오는 창조 이야기를 꼽습니다. 그 외에도 세계 곳곳에서 전해 내려오는 창조 신화는 매우 다양합니다. 옛사람들이 저마다 살던 자연환경이나 생활 방식에 따라, 세상이 어떻게 생겨났을지를 다르게 이해하고 받아들이기 위한 이야기가 만들어졌기 때문입니다. 그렇다면 우리나라에는 어떤 천지창조 신화가 전해 내려올까요? 우리 선조들은 세상이 맨 처음 어떻게 생겨났다고 생각했을까요?

## 입에서 입으로 전해진 천지개벽 신화

우리나라에서도 오래 전부터 창조 신화가 입에서 입으로 전해져 내려왔습니다. 창조 신화가 글로 정리된 것은 그리 오래 되지 않았습니다.

우리나라 창조 신화는 천지개벽 신화라고도 부릅니다. 혼돈에 빠져 있던 우주가 하늘과 땅으로 나뉘면서 비로소 세상이 열리는 이야기가 주로 펼쳐지기 때문이지요.

지역별로 여러 가지 창조 신화가 전해지지만, 함경도 지역의 「창세가」와 제주도의 「천지왕본풀이」, 경기도의 「시루말」을 대표적인 천지개벽 신화로 꼽습니다. 이중에서 제주도의 「천지왕본풀이」에서 나오는 '대별왕 소별왕' 이야기를 한번 살펴볼까요?

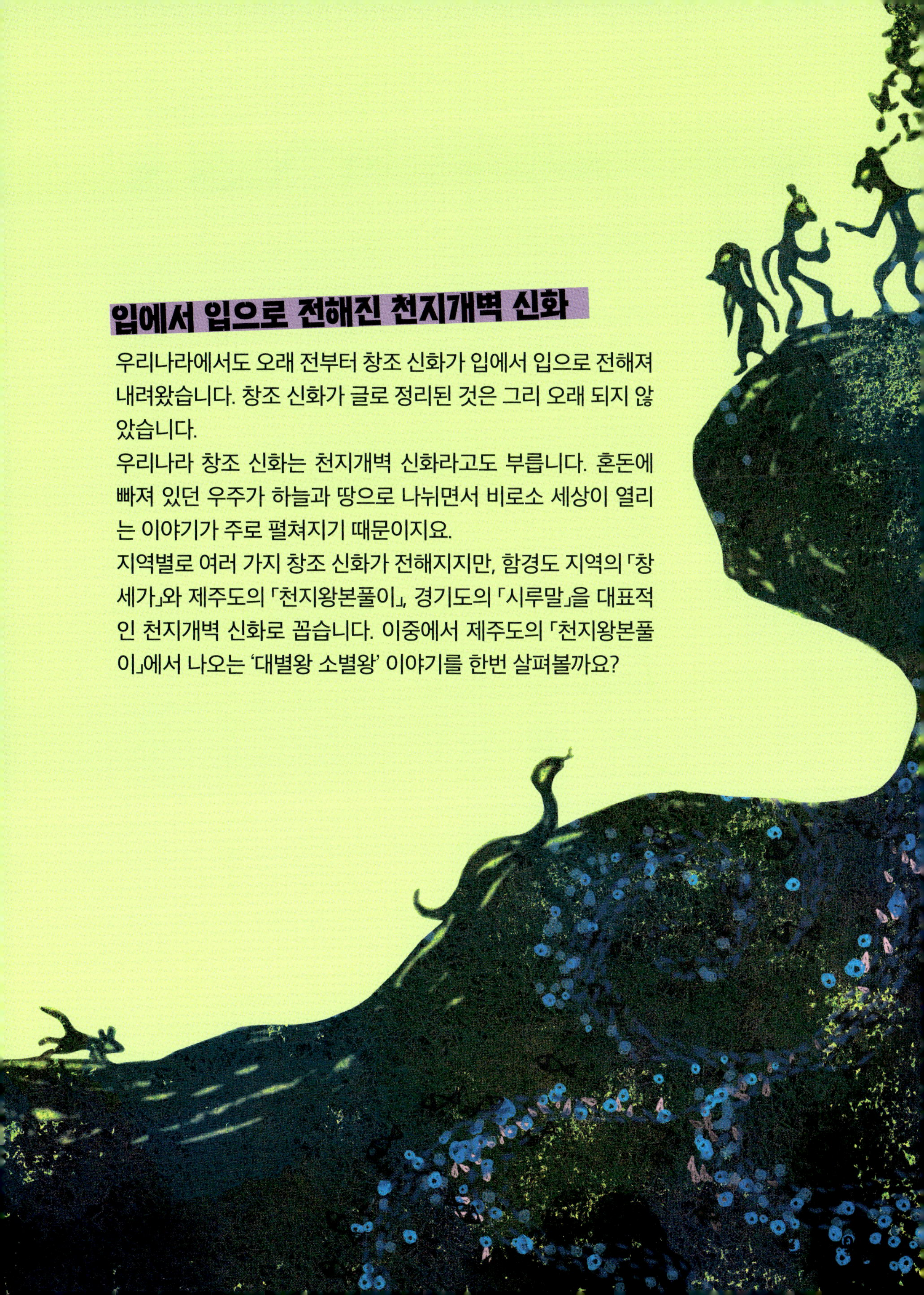

# 지식 플러스 제주도 창조 신화
## 대별왕 소별왕 이야기

태초에 세상은 한 덩어리로 뒤섞여 있었습니다. 그러던 어느 날, 하늘의 기운이 열리고 땅의 기운이 열리더니, 하늘과 땅 사이가 벌어졌습니다.

이때 하늘에서 청이슬이 내리고 땅에서는 흑이슬이 솟아나 서로 어우러지더니, 그 속에서 만물이 생겨났습니다. 먼저 별이 생기고, 인간도 생겨났습니다. 하늘에는 해와 달이 두 개씩 있어서, 낮에는 너무 뜨겁고, 밤에는 몹시 추웠습니다.

천지왕이 지상으로 내려가 총맹부인과 혼인하여, 총맹부인이 대별왕과 소별왕을 낳았습니다. 대별왕과 소별왕이 자라자, 천지왕은 둘에게 활과 화살을 내어 주었습니다. 대별왕이 해를 하나 쏘아 없애고 소별왕이 달을 하나 쏘아서 없애자, 비로소 세상은 해와 달이 하나씩 남아 살기 좋은 곳이 되었습니다.

천지왕은 대별왕에게 이승을, 소별왕에게 저승을 다스리라고 했습니다. 그런데 소별왕은 죽은 자들이 있는 저승에서 지내기 싫었습니다. 그래서 누가 이승을 다스릴지, 수수께끼 내기를 벌여 정하자고 했습니다. 하지만 대별왕이 수수께끼마다 지혜롭게 답하여, 소별왕은 계속 지기만 했습니다.

마지막으로, 둘은 꽃씨를 흙에 심고 잠을 자기로 했습니다. 자는 동안 꽃이 무성하게 피는 쪽이 이기는 내기였습니다. 대별왕이 잠든 사이, 소별왕이 슬쩍 눈을 뜨고 보니, 대별왕의 꽃은 활짝 피어나 있고 자신의 꽃은 시들어 있었습니다. 그래서 소별왕은 자신의 꽃을 대별왕의 꽃과 바꿔치기를 했습니다.
대별왕은 일어나서 꽃이 뒤바뀐 것을 눈치챘지만, 소별왕에게 이승을 맡기고 자신은 저승을 다스리기로 했습니다.

소별왕이 이승에서 법도를 세워 차차 질서가 잡혀갔지만, 악행이 완전히 끊이지는 않았습니다.
대별왕은 저승에서 맑고 올바른 법을 세우고, 극락과 지옥을 구별했습니다. 이승에서 힘겹게 산 사람은 저승에서 위로해 주고, 악하게 산 사람은 지옥에서라도 죗값을 치르게 하며 인간 삶의 질서를 바로잡았습니다.

## 정답

**32쪽**
① 이집트 신화에서 태양신은 누구인가요? 라
② 그리스 신화에서 태양신은 누구인가요? 아폴론
③ 인도 신화에서 태양신은 누구인가요? 수리야

**66쪽** • 데메테르 → 케레스, • 페르세포네 → 프로세르피나, • 제우스 → 유피테르

초등학생을 위한 지식습관⑪
# 세계 신화 30

글 | 애니타 개너리  그림 | 멜빈 에반스
옮김 | 신인수  감수 | 이경덕

1판 1쇄 발행 | 2022년 11월 25일
1판 2쇄 발행 | 2024년 1월 8일

펴낸이 | 김영곤
이사 | 은지영
논픽션2팀 | 김종민 신지예
아동마케팅영업본부장 | 변유경
아동마케팅1팀 | 김영남 정성은 손용우 최윤아 송혜수
아동영업팀 | 강경남 오은희 황성진 김규희 양슬기
편집 | 꿈틀 이정아 이정화  북디자인 | design S 손성희  제작 관리 | 이영민 권경민

펴낸곳 | (주)북이십일 아울북
등록번호 | 제406-2003-061호  등록일자 | 2000년 5월 6일
주소 | 경기도 파주시 회동길 201(문발동) (우 10881)
전화 | 031-955-2128(기획개발), 031-955-2100(마케팅·영업·독자문의)
팩시밀리 | 031-955-2421
브랜드 사업 문의 | license21@book21.co.kr

ISBN 978-89-509-4255-7 74370
ISBN 978-89-509-0007-6 74370 (세트)

**Myths in 30 Seconds**
Text: Anita Ganeri, Illustrations: Melvyn Evans
Copyright ⓒ 2013 Quarto Publishing plc
First published in the UK in 2013 by Ivy Kids, an imprint of The Quarto Group.
All rights reserved.

Korean translation ⓒ 2022, Book21
This edition is published by arrangement with Quarto Publishing plc through KidsMind Agency, Korea.
이 책의 한국어판 저작권은 키즈마인드 에이전시를 통해 Quarto Publishing plc와 독점 계약한 북이십일에 있습니다.
신 저작권법에 의해 한국 내에서 보호를 받는 저작물이므로 무단전재와 복제를 금합니다.

·잘못 만들어진 책은 **구입하신 서점**에서 교환해 드립니다.

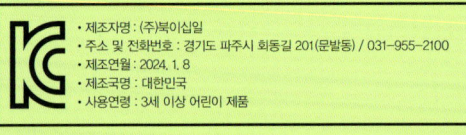